A
toi
l'honneur

Mélanie Courtois - @littlepoezie

A tes égarements

Il y a tant de chemins en nous,
tant d'ombres à éclairer,
tant d'étoiles à débusquer,
il y a tant de chemins
que tu as sans doute parfois
perdu le tien

A ton faux départ

Sur les bords de ton enfance
soufflaient des vents
qui t'ont fait courber le dos,
contraires à l'enfance
ils auraient pu t'emporter,
qui aurait cru qu'avec le temps,
tu brillerais tant

À tes différences

Quel courage t'a-t-il fallu pour être toi?
Les jugements sont des
marécages d'esprits étriqués.

Milite sans retenue pour tes **formes,**

        tes couleurs

                tes amours

A ta douleur

Nul ne le voit,
ton cœur en morceau.
Nul ne les touche,
les bleus entassés sous ta peau.
Tu avances.
La terre est ferme.
Mais sous tes pas
c'est un gouffre qui se déploie.
Ils ne les sentent pas, tes brulures au milieu de la nuit,
les angoisses au saut du lit.
Ils peinent à regarder le mal qui te ronge
sous peine de s'écrouler

A tes cicatrices

Quantité de déchirures
habitent ton âme
quand tu cours après des plumes
et rêverais du bleu du ciel
à étaler en toi

À tes peurs

Avec l'âge,
tu saigneras
de plus en plus de peur

À ton unicité

Le monde est rempli de beautés
et tu en fais partie

À ta timidité

Certains voudront creuser en toi
pour t'arracher à tes silences.
Forcer tes mots
et ces sourires que tu retiens.
Tes pensées seront souvent braquées,
mais tu es comme tu es
et je suis comme j'étais

À tes bourreaux

Autant qu'il t'étreint,
leur flot d'insultes t'éteint,
et rien ne les arrête.
Je leur souhaite l'isolement qu'ils te font vivre,
tes pleurs et tes envies d'en finir

A tes chocs

Balayés les tracas qui n'en étaient pas,
tout semble infime
face à l'orage
qui a ébranlé ta nuit

À tes bleus

Dans mes songes je te vois
faire ta valise.
Y fourrer les coups et les injures
encaissés depuis bien trop longtemps.
Braquer un vol, tout foutre en soute.
Aller pêcher l'espoir au fond des océans.
Défaire ton sac. Vider tes bleus.
Les recouvrir de sable blanc.
Pleurer le sort.
Que j'aimerais te voir
sourire au vent

À tes oscillations

Je ne sais d'où vient le spleen
qui s'agite en toi.
Ni la force et ni l'élan
qui le combattent

À ta patience

Aucun régime
ne pourra alléger ton insupportable attente
durant laquelle ton regard porté sur l'avenir
n'est plus qu'un point d'interrogation torturé

À ton deuil

Au bout de la rue
au coin d'un rayon
au fond du salon,
illusion perfide
de son image
qui renait partout

A ta véracité

Dis-lui.
Si tu restes à mon seuil
à ne parler que de toi
attends-tu de moi
que je t'accueille?
L'amitié ne peut être unilatérale
sous peine d'être bancale

À ton courageux périple

La mort a pris le visage du sable,
puis de la mer,
puis de ta mère.
La désillusion a pris celui
de ton exil

À ta dépression

Grignoter,
elle ne sait faire que ça.
Des bouts de toi
qu'elle ne te rendra pas.
T'accrocher, tu ne dois faire que ça

À ma guérison…

Ces brins d'herbe ont senti mes pieds nus les fouler,
mes larmes les imprégner jusqu'aux racines.
Ils m'ont vu dépérir et prier,
guérir et me relever sous le soleil

…et à la tienne

À ta façade

De tes lésions sentimentales
on ne voit guère la trace,
voilées par ton sourire
ton armure idéale

À tes progrès

Un jour viendra où
toutes ces critiques que tu t'infliges
s'aminciront.
Un jour viendra où tu t'aimeras
différemment.
Avec le temps
tes remontrances
épouseront
leurs antonymes

À tes nuits

La nuit

j'overdose

de pensées

pas toi ?

À tes rêves

Bats-toi pour que s'élèvent
tous ces rêves que tu entasses
sous ton oreiller,
fais-les valser sur ta vie

A ta maladie

Elle te toise comme personne
mais tu l'affrontes
comme personne

A tes rencontres

Il est facile d'aimer les surfaces planes,
que les crevasses ont épargnées.
Sauront-ils aimer tes plis
et recoins écorchés?

A tes déceptions

De vos promesses d'éternité,
il ne reste que des miettes
éparpillées sur le plancher

A tes brillantes amitiés

Ils se sont écrasés à tes pieds,
tes maux.
Tombés du haut de tes lèvres qu'ils ont écorchées
en passant.
Je les ai vus, tes vigiles,
rendre ton cœur confetti

À ton âme sœur

Tu n'étais

toi

qu'en

sa présence

A ta solitude

Je te souhaite de trouver
la personne unique
qui viendra rompre ce sentiment
unique

À ta valeur

Tu es cette dune ensablée,
ce sommet enneigé,
cet arbre fruitier,
cette feuille mordorée.
Tu es ce Vivaldi qui s'ignore

À ta sensibilité

Les yeux dans le vide,
tu digères les mots et colères
qui te mettent en lambeaux
et t'abiment plus que tout
quand les autres l'ignorent

À tes disputes

Elles s'invitent sans prévenir.
Elles s'immiscent. Lentement. Entre les mots et sous les draps.
Elles éclatent subitement, tel un ciel surchargé d'été.
Tu ne les aimes guère.
Mais elles s'invitent sans crier gare, glaçant les rires et l'atmosphère

A tes neiges

Au coin du feu l'hiver crépite,
les flocons dansent, la nuit scintille
cocon de calme
que tu enlaces

À tes mers

Plaisir d'été,
le chahut des vagues
qui t'embarque
loin de tout

A ta faim de vie

Tu veux
les turbulences et la passion,
l'effervescence,
l'ébullition,
d'incohérences
en évidences
vivre un million
de dernières danses

À tes grains de beauté

Tes failles,
ces tranchées
où se logent
tes charmes

À tes refrains

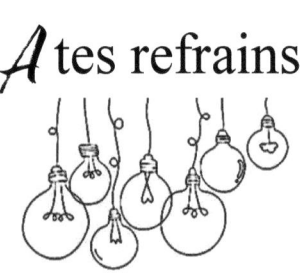

Parfois l'air qu'il te manque
est un simple air de musique

À ton bien-être

Briller.
De l'intérieur à l'extérieur.
En large et en travers.
Faire scintiller les yeux comme des lampions.
Le monde attend tant de nous.
Espère de toi
le bien-être avant tout

À tes complexes

Jour des encombrants.
Déleste-toi de tous ces complexes qui t'embarrassent.
Sur le trottoir, dépose ces faux pas qui te tourmentent,
te tracassent, te chahutent en tous sens.
Demain tes défauts seront broyés.
Demain il fera beau

À ta pudeur

Mis en boule au fond de ta gorge,
ton chagrin pudique, s'autocensure,
par tous les temps
l'amour viendra le dénicher

A ton empathie

Dans ton corps, des peines étrangères
se répandent en tous sens,
quand la crue de la Seine dans tes yeux
se balance

A ta couleur

Ton teint de miel,
un goût du ciel
du bout du monde

A tes coups de foudre

C'est comme si chacun de vos mots
étaient fait
l'un pour l'autre.
Une conjugaison magique
naturellement vôtre

À ton amour naissant

...Quand l'intensité de vos regards
égale celle d'un baiser...

A ton amour défendu

Au moindre échange
vos cœurs s'envolent,
tirés par l'amour
gonflés à l'hélium.
Rappel de conscience
le vol tourne court,
vos cœurs déjà pris
désarmés au sol

A ton amour certifié

L'amour, c'est ce jean
qui t'a un jour fait craquer en vitrine.
Celui que tu portes inlassablement
depuis des années,
malgré l'usure
et la couleur un peu passée

À ton amour déchu

Il a longtemps eu le goût du printemps,
de l'espoir démesuré
mais tout passe
et dans vos yeux,
l'amour a fané

…marche aussi avec elle…

À tes fuites

Parfois la vérité aimerait disparaitre sans
laisser de traces.
Tu ne peux lui dire,
elle ne veut l'entendre.
La voici cadenassée,
perdue entre vos peurs d'être
perdus

…marche aussi avec il…

À ton célibat

Au bout du rêve,
il n'y aura plus de bouts de verre
juste le goût d'un bout de lèvres
et si les lèvres ne te disent pas
il y aura toujours un bout de rêve

À ta positivité

Tu feras filer les nuages
et craqueler la glace
avec ton sourire

À tes choix

Cette décision, top départ de ta délivrance

A tes errances

Le long du port tes pensées trainent
sautant d'un yacht à l'autre
elles tissent la toile
des ressentis de toute une vie

À ton âge

Il y a vingt ans
tu n'avais pas vingt ans,
les trainées blanches de l'hiver
n'avaient pas atteint ta chevelure
et ta peau était vierge de tous sillons.
Le temps défile sans attendre,
mais quel honneur
de le voir faire

À tes soifs d'ailleurs

Perché sur ton toit
le soleil s'écoule sur les tuiles,
et viennent se fondre en toi
des envies d'exil

À tes danses

Des gueules fatiguées du soir et du silence
parfois pesant, tu t'en balances.
Casque vissé sur les oreilles, tu trouves ton
réconfort entre les cris des notes et leurs valses
aériennes.
Mélomane, tu casses les mélodrames et les
piétines en dansant.
Du silence parfois gênant, tu t'en laves les
oreilles.
Tu as choisi ton camp.
Celui où les sons claquent et hurlent en
s'envolant.
Les bras de Morphée peuvent bien attendre.
Au moelleux de ton oreiller, tu préfères la
boucle des basses,
le boucan des mots et les refrains qui te
bousculent en
passant

A tes souvenirs

Tes souvenirs,
ces empreintes d'hier
qui te tiendront chaud demain

À tes soleils

Les jours s'étirent comme du chewing-gum
t'en fais des bulles
ça tourbillonne,
sous le soleil
ton cœur bourgeonne

À tes introspections

Ferme les yeux,
pour y voir un
peu plus clair

À ta poésie

Inspire le monde et ses révoltes,
ses hématomes et ses combats.
Inspire le ciel et ses pastels
ses coups de blues
et coups d'éclat.
Inspire,
et laisse ta poésie nous aveugler

À ton courage

Du bout de ta lanterne
éclaire tes blessures,
racines de ton courage

Aux femmes de ta vie

Aussi éblouissantes
que la neige gorgée de soleil,
elles rayonnent sur ta vie

Aux hommes de ta vie

Aussi rassurants
qu'une veilleuse en pleine nuit,
ils te protègent de la vie

A tes jours aériens

Dévale la vie à cent à l'heure
tant que le ciel est dégagé

A ta persévérance

Sème tes désirs
dans du terreau d'espoir et d'exigence,
arrose-les à l'envi
regarde-les fleurir

A tes crépuscules

Le soleil finit sa course
au bout du jardin,
il fait doux ce soir
au fond de ton âme

À tes stigmates

Tant de fois haï,
ton reflet dans le miroir,
à présent ridé

À tes enfants

Y'a des choses qui dézinguent l'intérieur.
Déflagration immédiate
face à tes enfants qui pleurent

À tes écrits

Tous ces mots plaqués sur du papier
neutralisent les états d'âme.
La poésie est salvatrice,
écris pour le meilleur et pour le pire

A ta rupture

Ça s'installe progressivement, tout doucement, ça désinstalle le quotidien.
Ça n'a l'odeur ni de l'été, ni du printemps, ça gèle le cœur, insidieusement.
Ça passerait presque inaperçu mais c'est une petite mort qui s'invite, parenthèse amère de la vie.
Ça débute par un déplaisir de l'autre, qui n'était pas censé déplaire, par des baisers qui ne sont pas censés crisper. Des blagues qui tombent à l'eau, une présence qui peu à peu indiffère et sème le doute.
Ça part d'un amour passionnel, qui a vieilli et s'est fané sans le vouloir.
C'est un mélange étrange qui avance au fond, d'envies soudaines de solitude, d'espoir que tout renaisse, de réalisme brutal. Ça tourne en rond dans la tête, c'est torturé au fond des yeux.
Ça a un goût d'irréel qui vous laisse là et las.
Ça, c'est aussi cette impression nouvelle d'incarner le malheur et la chute d'un être cher qui face à ça, espère, désespère et s'accroche au passé.
Quelle sera la magnitude de son chagrin sur l'échelle de l'échec ?

Ce n'est pas empreint de colère mais d'une infinie tristesse.

Ça n'entrave ni le respect ni la mémoire de cette histoire qui fut si facile au commencement et qui sous les disputes, les concessions, les sautes d'humeur et opinions qui divergent, se dégrade.

Ça n'effacera ni les rires qui vous ont bercés, ni la force qui vous a portés, vestiges indéfectibles.

Suspendu au-dessus d'un gouffre dans lequel on se refuse à sauter, on se censure.

Car c'est amer à accepter. A avouer aussi.

Douloureuse décision coincée dans l'indécision au milieu d'un amour endommagé.

Mais ça fait son chemin puis ça finit par s'imposer. Comme une malheureuse évidence.

Ça, c'est vingt ans qui passent et qui un jour sont de trop.

Admettre l'impensable devient l'unique voie possible pour ce ''ça'' morne et ingrat.

Au risque de blesser des innocents, attentat à l'amour inconditionnel.

C'est ça le désamour, c'est cet immense supplice qui précède l'annonce fatale et l'indigestion finale d'une famille.

Détruire.
Pour reconstruire. Différemment. Mais reconstruire.
C'est aussi ça

À nos vies

Il en faut des ressources pour déblayer le ciel
lorsqu'il devient brumeux
et dénicher l'ivresse
derrière nos nuits d'averse.
Nos chemins ne devraient s'apparenter qu'à un trajet en musique
sans embûches ni collisions.
A un jour de vacances où la tête penchée par la fenêtre,
nos soucis les plus sombres
se font la belle avec le vent

A ta lumière

Et finalement,
ton âme laissera
filtrer la lumière

Ne te laisse pas tomber

Je suis l'évolution d'un mal être
la rescapée de mes complexes
je suis la grisaille et l'ivresse
l'envie d'y croire dans la tempête

A mes filles

*Avant vous
je n'étais qu'un brouillon de moi-même,
un essai
que vous avez transformé*

Loi n°49-956 du 16 juillet 1949 sur les publications destinées à la jeunesse, modifiée par la loi n°2011-525 du 17 mai 2011.

© 2024 Mélanie Courtois
Édition : BoD - Books on Demand, info@bod.fr
Impression : BoD – Books on Demand,
In de Tarpen 42, Norderstedt (Allemagne)
Impression à la demande
ISBN : 978-2-3225-0440-4
Dépôt légal : Janvier 2024